D1325278

FRANÇOIS ARCHAMBAULT

15 SECONDES

LEMÉAC

Données de catalogage avant publication

Archambault, François
  15 secondes
  (Collection Théâtre)
  ISBN 2-7609-0367-2
  I. Titre

PS8576.A765M37 1997   C842'.54   C97-940306-5
PS9576.A765M37 1997
PQ3919.2.M37M37 1997

Photo de couverture : Gilbert Duclos

Leméac Éditeur remercie la SODEC ainsi que le Conseil des arts du Canada du soutien accordé à son programme d'édition dans le cadre du programme des subventions globales aux éditeurs.

ISBN 2-7609-0367-2

Imprimé au Canada

LA PETITE HISTOIRE DE *15 SECONDES*

Ce texte est le fruit du hasard et des rencontres inattendues qui changent une vie. Je n'avais pas imaginé écrire un jour un texte avec un personnage atteint de paralysie cérébrale ; je ne suis pas particulièrement sensible aux téléthons et il n'y a pas de handicapé dans mon entourage immédiat...

C'est le metteur en scène et comédien Michel Laprise qui donna à Dave Richer la chance de jouer pour la première fois avec des comédiens professionnels. Pour un laboratoire public, en vue de la préparation de son spectacle Tonalités, *Michel avait eu l'idée d'engager un comédien atteint de paralysie cérébrale qui devait former un duo avec Normand D'Amour. Suite à la complicité et à la dynamique qu'ils réussirent à créer sur scène et dans la vie, ils décidèrent de pousser l'expérience plus loin.*

Michel, qui travaillait à cette époque avec ma compagne la comédienne Marie-Hélène Thibault, me parla de Dave. Du talent d'acteur qu'il possédait, de son charisme, de l'impact qu'il avait sur le public... Il essaya d'organiser une rencontre entre Dave et moi, mais je ne me sentais pas attiré par ce sujet ; ignorant tout de la paralysie cérébrale, j'imaginais difficilement ce que j'aurais pu écrire là-dessus.

Peu de temps après Si la tendance se maintient, *que je venais de présenter à la petite salle de la Veillée, Dave me téléphona pour me parler lui-même du projet. Après lui avoir expliqué que je ne pourrais probablement pas écrire pour lui, j'acceptai tout de même de prendre un café avec lui et Normand.*

J'ai tout de suite été charmé par l'humour de Dave, par le regard qu'il avait sur son propre état, par ses yeux, ses grimaces et surtout par ses fous rires. J'étais étonné de voir comment

Normand agissait avec lui, de manière un peu brusque, un peu baveuse, mais pleine d'affection. Il le traitait comme un gars normal, comme un frère; c'est aussi ça qui m'a touché...

Je savais que l'écriture de cette pièce contenait une quantité redoutable de pièges à éviter. Je savais aussi que mon style ironique ne se prêterait pas bien à ce type de sujet et je craignais de ne pas réussir à trouver le ton qui conviendrait. Puis finalement, je savais que l'expérience ne serait assurément pas banale et que le lien que j'aurais à tisser avec Dave n'était pas seulement de nature professionnelle, mais que j'aurais aussi à m'impliquer de façon très personnelle et intime. Si le projet faisait un peu peur à l'auteur en moi, il effrayait encore davantage l'être humain que je suis. Mais en écoutant Dave expliquer ce qu'il vivait, mon imagination s'emballait. C'était un défi que je ne pouvais refuser.

L'équipe se forma très naturellement. Je savais que je voulais un triangle amoureux, et Marie-Hélène, qui venait de jouer avec Normand dans la version finale de Tonalités, se joignit à l'équipe. Ma distribution était complétée, il ne me restait plus qu'à inventer l'histoire. J'amorçai donc une série de rencontres avec Dave pendant lesquelles il me raconta sa vie, ses angoisses, ses frustrations, ses désirs, sa vision du monde. C'est en m'inspirant de ses préoccupations que j'allais articuler l'action de la pièce.

Pour ceux qui chercheraient à démêler ce qui est fiction de ce qui est réalité, je peux dire que tout ce qui est dit et vécu par les personnages de 15 secondes est inventé. Par contre, ce qui est derrière, ce qu'on pourrait appeler l'inspiration, ne l'est pas.

La première version du texte n'était pas encore terminée que j'envoyais une copie du texte à Jean-Pierre Ronfard au NTE. En discutant du projet, nous considérions que l'Espace Libre était l'endroit idéal pour créer cette pièce. Nous savions que le sujet était délicat et nous voulions éviter que la pièce devienne un «freak show» désolant ou un mélodrame larmoyant. L'esprit qui règne au Nouveau Théâtre Expérimental nous semblait correspondre à l'esprit de notre propre démarche. À notre grand soulagement *(c'est d'un œil angoissé que j'entrevoyais le cirque infernal et terriblement lassant des demandes de subvention), le NTE accepta d'accueillir 15 secondes à condition que nous acceptions de jouer dans le dispositif scénique que Jean-Pierre avait prévu pour sa pièce* Les Amours. *Ce que nous avons bien sûr accepté.*

J'aimerais souligner que l'accueil du NTE dépassa toutes nos attentes et que jamais je ne me suis senti, en tant qu'apprenti producteur, aussi bien épaulé qu'en ce théâtre. Aussi, je me souviens avec grand bonheur des rencontres avec Marthe Boulianne et Jean-Pierre Ronfard où nous cherchions à définir un concept qui unirait nos deux spectacles pourtant si différents l'un de l'autre. Je suis encore étonné que cette idée un peu folle de convertir une partie du théâtre en restaurant pour y servir une soupe chaude se soit concrétisée malgré tout le travail supplémentaire que cela exigeait. Si ma rencontre avec Dave est venue bouleverser mon écriture, m'obligeant à une plus grande tendresse dans ma façon de dépeindre les personnages, je dois reconnaître que ma rencontre avec les gens du NTE a changé et simplifié les rapports parfois difficiles que j'entretenais avec le théâtre. Cette façon de travailler dans la bonne humeur et avec le plus grand respect du travail de chacun fut pour moi une belle et agréable leçon de vie...

Après avoir achevé une première version du texte, nous avons abordé un travail d'interprétation avec Normand, Marie-Hélène, Michel et Dave qui m'a permis de réviser la structure de la pièce et d'approfondir les personnages. Ce fut ensuite le temps des répétitions ponctuées de nombreux fous rires et de discussions philosophiques, qui se déroulèrent dans le plus grand plaisir. Normand, qui en était à sa première mise en scène, allait donner à 15 secondes *la simplicité, l'humanité, le regard tendre et l'humour qu'exigeait le récit.*

Lors de la création, la pièce reçut un excellent accueil. Le niveau de réalisme atteint lors des représentations était très troublant pour les spectateurs. Il faut dire que la fascination exercée par la présence de Dave sur scène n'est pas uniquement liée au texte ou à la mise en scène; pendant le spectacle, le public suit simultané-

7

ment deux histoires, c'est-à-dire celle du personnage de Mathieu, amoureux de Charlotte, puis celle du comédien Dave Richer, réellement handicapé, qui joue dans une pièce de théâtre.

C'est en voyant Dave venir saluer le public à la fin des représentations que j'ai ressenti l'impact de sa présence sur scène. Pendant une heure quarante-cinq, la pièce parle de la douleur d'être handicapé. Or, une fois le spectacle terminé, Dave ne peut pas abandonner totalement son personnage. De la même façon que, lorsqu'il joue, il ne peut pas cesser complètement d'être Dave Richer. L'état d'urgence, le besoin de s'exprimer et le désir de séduire, la vulnérabilité et la fragilité, toutes ces choses qui sont inscrites dans le personnage de Mathieu, Dave les transporte réellement en lui au moment de jouer. C'est ce qui rend ce spectacle particulièrement questionnant, surtout pour moi qui l'ai écrit, parce qu'une partie de ce qui fait le succès de cette œuvre m'échappe complètement.

Après les commentaires du public, nous avons senti qu'il fallait que ce projet puisse continuer afin de rejoindre un plus grand public et des gens qui ne vont pas nécessairement souvent au théâtre. Heureusement pour la vie de la pièce, France Lauzière du groupe Rozon s'est intéressée à 15 secondes, et a voulu, comme nous, faire en sorte que l'aventure puisse se poursuivre...

En terminant, j'aimerais adresser un mot à ceux qui liront ou verront 15 secondes. En écrivant cette pièce, je me suis efforcé de raconter l'histoire de quatre personnages qui sont liés les uns aux autres, qui s'influencent et se bouleversent mutuellement. Je n'ai jamais pensé que j'écrivais une pièce qui parle uniquement du vécu d'un handicapé et je ne souhaite pas que la pièce soit perçue comme telle. Au-delà du handicap de Mathieu, la pièce raconte une histoire d'amour et les difficultés de vivre cette vie sans se faire trop de mal. Tout ce que je souhaite, c'est qu'elle soit considérée comme une pièce de théâtre « normale ».

F. A.
9 février 1998

À mon ami Dave,
et à ses parents,
Micheline et Daniel.

.

CRÉATION ET DISTRIBUTION

La pièce *15 secondes* a été créée le 3 mars 1997, à l'Espace Libre, dans le cadre de *Soirée chaude*. Production du groupe autogéré *15 secondes* et du Nouveau Théâtre Expérimental. Reprise à partir du 25 juin 1998, à l'Espace GO, dans une production du groupe Rozon, en association avec le groupe autogéré *15 secondes*.

ÉQUIPE DE CRÉATION

CHARLOTTE :	Marie-Hélène Thibault
CLAUDE :	Normand D'Amour
MATHIEU :	Dave Richer
RICHARD :	Michel Laprise

Mise en scène :	Normand D'Amour
Décor :	Charlotte Rouleau
Costumes :	Richard Labbé
Éclairages et régie :	Sylvie Morissette
Direction de production :	Éric Lafond

*Mais qui sait? Peut-être que tout
mon amour était une illusion des sens,
de l'imagination, peut-être même qu'il a débuté par une
gaminerie, par des sottises...*

Dostoïevski, *Les Nuits blanches.*

Charlotte marche avec Richard.

CHARLOTTE. Ce matin en lisant le journal, je suis tombée sur quelque chose d'intéressant. Y a deux articles qui m'ont... euh... qui m'ont... «touchée»? En tout cas. Le premier article parlait d'une équipe de chercheurs qui disait avoir découvert le gène du suicide. Les chercheurs disaient que chez la plupart des suicidés, y avait un manque d'une substance chimique dans le cerveau. Le 5-HT. Qu'à cause, justement, du manque de ce 5-HT-là, les idées suicidaires circulaient mieux dans la tête de certaines personnes. En gros, c'était ça. Pis dans l'autre article, juste à côté, y était question d'une nouvelle sorte de tomates. Des tomates manipulées génétiquement. Des tomates dans lesquelles on a supposément réussi à neutraliser le gène responsable du pourrissement. C'est des tomates plus longtemps plus belles qu'y viennent d'inventer... De toute façon, j'aime pas ça, les tomates.

Mathieu et Claude, à table. Devant Mathieu, un téléphone et un Journal de Montréal *ouvert à la section des petites annonces.*

MATHIEU. Tu peux-tu appeler pour moi ?

CLAUDE. Hey, fais pas ton infirme, là.

MATHIEU. S'il te plaît.

CLAUDE. Ça me tente pas, là. De toute façon, t'es capable, non ?

Un temps. Mathieu décroche l'appareil et hésite.

MATHIEU. Tu peux-tu au moins composer le numéro, d'abord ?

CLAUDE. Ostie que t'es lâche quand tu veux.

MATHIEU, *indiquant à Claude une annonce.* Tiens. C'est celle-là.

CLAUDE. Celle-là ?

MATHIEU. Oui.

CLAUDE. T'aimerais pas mieux l'autre, en haut ? Me semble que ç'a l'air mieux...

MATHIEU. Non, non. Celle-là. Je l'ai jamais essayée.

CLAUDE. O.K. Si tu le dis... *(Claude prend le téléphone.)* C'est toi qui parles, hein ? Moi j'ai pas le goût...

MATHIEU. C'est correct.

Claude compose le numéro.

CLAUDE. Ça sonne.

Il tend le combiné à Mathieu.

MATHIEU. T'es sûr que tu peux pas...

CLAUDE. Crisse, prends-le, ça sonne, là !

Il met l'appareil dans la main de Mathieu.

MATHIEU. Oui, allô... Bonjour, j'aimerais que vous m'envoyiez une fille au... Quoi ? Non, c'est pas une joke... Je voudrais avoir une fille... Madame ! Madame ! Tabarnak !

CLAUDE. A'l a raccroché ?

MATHIEU. Oui...

CLAUDE. Passe-moi ça ! Je vas y parler, moi !

Claude prend le téléphone et recompose le numéro.

CLAUDE. Oui, bonjour mademoiselle. Mon frère vient juste de vous appeler, y a deux secondes, pour avoir les services d'une de vos... Oui... Non, c'était pas une blague, mademoiselle. Y parle comme ça dans' vie... C'est pas de sa faute, mademoiselle... Écoutez, je vais vous donner l'adresse... Comment ça, vous prenez pas les mongols !? Mademoiselle, vous êtes ben mieux de venir, sinon... Non, je parlais pas de vous, là, je veux dire une fille : je veux avoir une fille icitte, pis ça presse !... Pas pour nous deux, non !... Pas pour moi, pour lui !... Écoutez, mon frère est un être humain avec une queue qui fonctionne très bien pis y a le droit d'obtenir le même service que n'importe quel autre client parce qu'y est très capable de payer, O.K., là ?... Mademoiselle ! Niaisez-moi pas, là... Je vous donne l'adresse, O.K... Mademoiselle, crisse ! Prenez un crayon sinon, je... 6357, de Normanville... Mademoiselle... Hey ! Si y a pas une de vos filles qui arrive ici d'ici une demi-heure, j'appelle la police pour me plaindre, O.K. ?

Claude raccroche. Un temps.

MATHIEU. Appelle donc l'autre en haut.

Au restaurant, Charlotte et Claude.

CHARLOTTE. C'est construit comme un rêve. Tiens, supposons que c'est moi qui est dedans. C'est bon, ça va rendre ça plus dynamique. Tu m'écoutes?

CLAUDE. Je t'écoute.

CHARLOTTE. Je suis pognée dans un autobus pis je m'en vas à un rendez-vous important. Mais le chauffeur est méga-téteux pis y prend une série de détours, tellement qu'un moment donné, je regarde par la fenêtre pis je sais pus où je suis. Je sais pas si tu me suis : tu vois la rue dehors, pis après ça tu vois ma face. L'incompréhension. Sur ma face, je veux dire. Tu vois que je cherche des yeux pis tu sens qu'y a de la panique. Vois-tu?

CLAUDE. Oui, oui. Je vois l'image. Je suis dans l'autobus, avec toi. Y a pas de problème : je suis là!

CHARLOTTE. Là, tu tournes la tête. Je veux dire, tu me vois tourner la tête.

CLAUDE. O.K.

CHARLOTTE. À côté, y a une vieille bonne femme, genre ben ratatinée. A me fait un sourire avec ses dents jaunes pis pourries. Je sais pas si tu comprends... Faut que l'image de sa bouche soit tellement dégueulasse qu'on arrive à sentir sa mauvaise haleine, genre.

CLAUDE. O.K., O.K.

CHARLOTTE. A sourit; je suis un peu mal. A me demande si je connais pas des chansons à répondre. Avant que j'aie eu le temps de dire quoi que ce soit, tout le reste de l'autobus se retourne vers moi pis se met à hurler en chœur : «UNE CHANSON À RÉPONDRE ! UNE CHANSON À RÉPONDRE !» Tu vois le portrait ?

CLAUDE. Oui, oui. «UNE CHANSON À RÉPONDRE ! UNE CHANSON À RÉPONDRE !»

CHARLOTTE. En plein ça ! Pis là : gros noir. Silence total. Une phrase apparaît, pouf, lettrage jaune sur le fond noir : «Chus ben mieux dans mon char !»

CLAUDE. C'est bon...

CHARLOTTE. Grosse musique, on me voit passer dans ma Golf rouge. C'est bon, hein ?

CLAUDE. Oui, oui. C'est bon.

CHARLOTTE. «Chus ben mieux dans mon char !» Tu comprends ? L'autobus, le char...

CLAUDE. Oui, oui. Je comprends, je comprends.

CHARLOTTE. T'as pas eu le temps de voir que c'était une annonce de char, pis là, paf ! T'as la Golf rouge qui vient crever l'écran ! Ça, c'est concept !

CLAUDE. Oui, oui... *(Léger temps.)* Ça te tenterait-tu qu'on aille faire un tour chez toi ?

CHARLOTTE. Hein ? Quoi ?

CLAUDE. J'aimerais ça qu'on passe la nuit ensemble.

CHARLOTTE. Ah oui ?

CLAUDE. C'est pas que je veux absolument baiser avec toi, là. C'est juste... Je voulais juste exprimer un désir de... Je me sens ben avec toi, t'sais, ç'a pas juste rapport avec le cul...

CHARLOTTE. Y a pas de problème. Tu peux avoir envie qu'on couche ensemble. C'est dans la nature, l'envie de... C'est naturel. T'as pas à avoir honte de ton...

CLAUDE. Ah, j'ai pas honte...

CHARLOTTE. ... de ton désir !

CLAUDE. ... je voulais juste préciser plus ma pensée. Je pense que la vie, c'est quelque chose de nuancé. Je veux dire un moment comme on est en train de vivre, ça peut pas se résumer juste à une phrase. Pendant que je te regarde, mes yeux ont envie de quelque chose, ma bouche a envie de quelque chose, mon corps a envie de quelque chose... Y a plein d'affaires qui se passent dans ma tête. Pis dans la tienne aussi, je suis certain.

CHARLOTTE. Oui, oui. Quand je bois du bon vin avec une bonne bouffe, ça me fait toujours la même affaire. Comme toi. J'ai le corps toute chaud, ça picote.

CLAUDE. On va chez toi ?

CHARLOTTE. Écoute, ça se peut pas chez nous.

CLAUDE. Pourquoi ?

CHARLOTTE. Ça serait mieux chez toi.

CLAUDE. T'es encore avec...

CHARLOTTE. Non, non. Je te l'ai dit. On est pus ensemble.

CLAUDE. C'est quoi le problème ?

CHARLOTTE. Va pas te faire des idées, là. Mon chum, je suis pus avec, je te le jure... c'est juste qu'y reste encore chez nous. Tu sais ce que c'est. C'est compliqué, c'est complexe. En attendant qu'y se trouve un nouvel apparte, je le... Tu comprends, je voudrais pas...

CLAUDE. Y reste chez toi. Ah ben.

CHARLOTTE. Pourquoi on irait pas chez vous ?

CLAUDE. On est peut-être mieux de laisser faire.

CHARLOTTE, *se levant.* C'est décidé, on va chez vous. Je passe un coup de fil pis on y va.

CLAUDE. Tu vas quand même pas l'appeler ?

CHARLOTTE. Ah, c'est rien. Je voudrais pas qu'y s'inquiète pour rien.

4

Le matin. Charlotte mange des céréales. Mathieu entre.

MATHIEU. Salut.

CHARLOTTE. Ah ! Allô.

MATHIEU. Moi, c'est Mathieu.

CHARLOTTE. Allô.

MATHIEU. Allô.

CHARLOTTE. Ben, bonjour... C'est une belle journée, hein ? Y fait soleil. Ben je veux dire, y a pas trop de nuages.

Mathieu essaie d'ouvrir le sac du pain tranché.

CHARLOTTE. Attends. Je vas te l'ouvrir. *(Elle sort une tranche de pain.)* Combien t'en veux ? Une, deux, trois ?

MATHIEU. Deux.

CHARLOTTE. Toastées ou...

MATHIEU. C'est correct.

Mathieu tartine ses tranches de pain tant bien que mal. Charlotte n'ose pas lui offrir son aide.

CHARLOTTE. Moi aussi j'aime beaucoup ça, le beurre de peanut. Mais ça faisait longtemps que j'avais pas mangé de céréales, ça fait que je me suis dit que... *(Un temps.)* T'es... t'es le frère de Claude, c'est ça ?

MATHIEU. Tu trouves qu'on se ressemble pas ?

CHARLOTTE. Ben, je sais pas... Pas vraiment. Peut-être un peu. Vite comme ça, on dirait pas, mais dans le fond peut-être que vous vous ressemblez... Le nez est quand même...

Y a quelque chose dans le nez... C'est pas pareil pareil, mais y a une ressemblance... Pis les sourcils. C'est beaucoup moins... Je veux dire, les tiens sont beaucoup plus foncés, mais au niveau de la forme, y a un peu la même courbure. Mais dans l'ensemble, la face, c'est pas pantoute la même face...

MATHIEU. Je suis pas mal plus beau.

CHARLOTTE. Ah ben, c'est... Vous êtes pas pareils, c'est ça...

Charlotte se met à manger nerveusement ses céréales. Amusé, Mathieu la regarde un moment.

MATHIEU. Tu vas être en retard ?

CHARLOTTE. Quoi ? Pourquoi tu dis ça ?

MATHIEU. Tu manges vite, pas mal. T'es en retard ?

CHARLOTTE. Oui, un peu. Je pourrai pas rester longtemps. Je m'en vas travailler.

MATHIEU. Je peux te donner un lift, si tu veux.

CHARLOTTE. Un lift ?

MATHIEU. Ma chaise électrique roule pas pire.

CHARLOTTE. Euh, ben...

MATHIEU. C'est une joke ! Une joke !

CHARLOTTE. Ah ! O.K. ! O.K. ! C'est pas pire, c'est bon !

Elle essaie de rire.

MATHIEU. J'ai mon auto.

CHARLOTTE, *vraiment pas certaine de comprendre.* Ah oui...

MATHIEU. Tu veux que je te laisse au travail ?

CHARLOTTE. Tu conduis une auto ?

MATHIEU. J'ai frappé une dizaine de piétons, mais y a personne de mort. Je roule lentement.

CHARLOTTE. C'est une blague, c'est ça?

MATHIEU. Oui, oui! Je suis ben baveux quand je suis gêné.

CHARLOTTE. Ah, tu niaisais, t'as pas d'auto!

MATHIEU. Non, non. J'ai mon auto! *(Charlotte essaie de cacher son malaise avec un sourire figé.)* Tu veux un lift, oui ou non?

CHARLOTTE. Euh... *(Elle regarde sa montre.)* À bien y penser, je suis pas si en retard que ça. Le métro, ça va être correct.

MATHIEU. C'est comme tu veux.

CHARLOTTE. Tu comprends, c'est parce que j'ai acheté ma passe, ce mois-ci. Faut que je m'en serve le plus souvent possible, parce que sinon je rentrerai pas dans mon argent, tu comprends? Au prix que ça coûte, faut que ça serve, hein? À 44,50 $ par mois, je l'ai calculé, faut que je fasse au moins 35 voyages, sinon je me fais avoir. Pis j'aime ça prendre le métro avant d'aller travailler. Ça me permet de voir du monde, pis de tomber dans la lune, ben dans mes idées... Ça fait partie de mon cheminement du matin. Souvent j'ai des très grosses idées, le matin en prenant le métro. Je suis mieux de pas prendre de chance, parce qu'y a une pas mal grosse journée qui m'attend. Deux, trois concepts à brasser: hey, je suis mieux d'être vite sur le piton. *(Elle se lève.)* Bon ben, je vas y aller si je veux pas être en retard. Salut, là. Tu diras à Claude que je vas le rappeler.

MATHIEU. S'cuse-moi!

CHARLOTTE. Quoi? Qu'est-ce qu'y a?

MATHIEU. Tu m'as pas dit ton nom.

CHARLOTTE. Je te l'ai pas dit? Ah ben, crime. Ben, c'est Charlotte.

MATHIEU. Salut Charlotte. Ç'a été le fun de faire ta connaissance.

CHARLOTTE. S'cuse-moi, je suis pas ben ben réveillée.

MATHIEU. C'est normal. T'as pas beaucoup dormi.

CHARLOTTE. Qu'est-ce tu veux dire? Ah, mon Dieu! On a faite beaucoup de bruit, hein? Excuse-moi, je... Si j'avais su qu'on était pas tout seuls, je me serais forcée pour... On aurait fait moins de bruit.

MATHIEU. C'est pas grave. Je suis habitué.

CHARLOTTE. T'es habitué?

MATHIEU, *en blague malhabile.* T'es pas la première...

CHARLOTTE. Ah! Ben oui! Pis je suis probablement pas la dernière non plus! *(Rire de malaise et de nervosité.)* Bon ben, je vas y aller, moi, là.

5

Claude et Mathieu, ensemble, à la cuisine.

CLAUDE. 'Es-tu partie?

MATHIEU. Bon! C'est quoi le problème avec celle-là?

CLAUDE. Laisse faire! C'est trop compliqué pour toi.

MATHIEU, *ironique*. Laisse parler ton cœur. Dis-moi ce qui va pas.

CLAUDE. C'est rien. C'est juste qu'est fuckée. Ben compliquée. A reste avec son chum.

MATHIEU. Tu veux que je lui casse les jambes?

CLAUDE. Merci beaucoup, Superman, mais ça va être correct.

MATHIEU. Je pourrais l'écraser avec mon char.

CLAUDE. Ça vaudrait pas la peine.

MATHIEU. Comment ça?

CLAUDE. A travaille en publicité.

MATHIEU. Ouin, pis?

CLAUDE. J'ai appris que c'est elle qui a eu l'idée de l'annonce de bière... t'sais, celle où y a un métro, là... un wagon de métro qui débouche sur une île déserte pleine de monde!

MATHIEU. C'est quoi le rapport?

CLAUDE. Hey! C'est vraiment poche, cette annonce-là! Chaque fois que je la vois, j'ai le goût de vomir. Non mais, sérieusement, non seulement l'idée est pas très forte, mais en plus l'idéologie qu'y a derrière ça, c'est vraiment dangereux!

MATHIEU. Comment ça, dangereux?

CLAUDE. Hey! Une annonce, c'est ben plus dangereux que n'importe quoi! Tu sais-tu combien de fois par semaine ça passe, un message publicitaire? On est bombardés, man! Pis ce bombardement-là, y s'attaque à l'inconscient collectif! C'est quoi, tu penses, l'image que la société a de ses jeunes, hein? C'est l'image qu'on lui renvoie dans les annonces de jeans pis de bière, tu sauras! Pis cette annonce-là, a donne l'impression que nous autres, les jeunes, on passe notre vie à se pogner le beigne, à niaiser, à fourrer, pis à boire de la bière sur une île déserte! C'est pas un peu dangereux, ça? C'est rendu que les jeunes, on est obligés d'aller le chercher en personne, notre chèque de BS! Pourquoi, tu penses? Parce qu'y ont peur qu'on soit en train de profiter du gouvernement sur notre île déserte, tu sauras!

MATHIEU. Tu trouves pas que t'exagères?

CLAUDE. Je le sais que j'exagère. Mais tu comprends ce que je veux dire.

MATHIEU. Pas vraiment, non.

CLAUDE. C'est pas que je veux pas... C'est juste... c'est juste que ça se peut pas, là.

MATHIEU. Ça se peut pas, là?

CLAUDE, *après un soupir.* Je suis pas capable de suivre son train de vie.

MATHIEU. Trouve-toi une job. L'argent, c'est le secret de mon succès auprès des femmes!

CLAUDE. C'est ça, fais le clown, mon Mathieu. Fais le clown!

MATHIEU. J'essaye juste de te remonter le moral.

CLAUDE. Mon moral va très bien ! C'est juste avec ma vie que j'ai de la misère de ce temps-ci...

Un temps.

CLAUDE. On peux-tu se parler deux secondes ?

MATHIEU. C'est pas ça qu'on fait depuis tantôt ?

CLAUDE. J'ai un p'tit problème...

MATHIEU. Combien tu veux ?

CLAUDE. Non, non. Je veux pas que tu me donnes de l'argent, là...

MATHIEU. T'es sûr ?

CLAUDE. Non, j'ai pas... j'ai pas besoin de liquide tout de suite, là. C'est juste pour le loyer, je risque de... d'être serré, un peu. Tu penses-tu que tu pourrais payer ma part au proprio pour le prochain mois ?

MATHIEU. T'es pas sérieux !

CLAUDE. A l'aime les restaurants chics pas mal, la p'tite maudite. Je capote, man !

MATHIEU. Veux-tu un lift jusqu'au métro ?

CLAUDE. Pourquoi faire ?

MATHIEU. Tu pourrais te pitcher devant les wagons !

CLAUDE. Très drôle ! T'as jamais pensé devenir stand-up comic ?

MATHIEU. Ou bien tu pourrais aller quêter !

CLAUDE. Ostie que t'es con !

MATHIEU. Ça pogne au boutte, avec une chaise roulante !

CLAUDE. Va chier, man !

MATHIEU. Toi aussi, man !

Ils se donnent la main.

CLAUDE. Je peux compter sur toi pour le loyer ?

MATHIEU. Qu'est-ce tu penses ?

Charlotte avec une valise, devant Mathieu.

CHARLOTTE. Claude est pas là ?

MATHIEU. Non, y est parti s'entraîner...

CHARLOTTE. Tu dois te demander pourquoi j'ai une valise, hein ?

MATHIEU. Non.

CHARLOTTE. Pourquoi, tu penses ?

MATHIEU. Tu viens rester ici ?

CHARLOTTE. Wow ! T'es bon pas mal ! Pourtant, Claude a pas dû t'en parler...

MATHIEU. Non, y m'a...

CHARLOTTE. C'est normal, y est pas au courant.

MATHIEU. Ah bon.

CHARLOTTE. Penses-tu qu'y va bien le prendre ?

MATHIEU. Je sais pas trop, là.

CHARLOTTE. Je sais que c'est brusque un peu. Normalement, j'aime mieux prendre le temps que ça soit mieux commencé, mais là, j'ai pas ben ben le choix.

MATHIEU. Qu'est-ce qu'y a ?

CHARLOTTE. Mon chum m'a mis dehors. Y l'a pas pris que je découche. Ç'a été la goutte qui manquait. Remarque que ça fait longtemps que je courais après, cette goutte-là. On était pognés ensemble dans un espèce de... de marécage, comme. Je sais pas si tu comprends... T'sais, c'était comme si tous nos bons moments ensemble avaient moisi, c'est ça : comme si y avaient moisi pis que ç'avait formé un espèce de liquide vaseux qui arrêtait pus de monter. Comme un déluge de marde qui sortirait de nous autres... C'est pas ben clair, hein ?

MATHIEU. Ça marchait pus ?

CHARLOTTE. C'est ça ! Tu l'as... Mais toi, est-ce que ça te dérangerait si je venais habiter ici pour un p'tit bout de temps ? Je veux dire, t'as sûrement ton mot à dire, non ?

MATHIEU. Moi, c'est ben beau. Si Claude est d'accord, c'est correct avec moi !

CHARLOTTE. Tu vas voir, je prendrai pas beaucoup de place. Je vas te laisser toute ton intimité. Je serai pas dérangeante.

MATHIEU. Tu peux prendre autant de place que tu veux.

CHARLOTTE. Merci, t'es fin !

Un temps. Légère gêne.

CHARLOTTE. Tu penses-tu que... Tu penses-tu que je pourrais cacher ma valise dans ta chambre ? C'est parce que je voudrais pas qu'y devine avant que je lui dise. J'aimerais ça trouver le bon moment pour... J'ai le goût que ça soit une surprise.

Elle se lève et prend sa valise.

MATHIEU. Bonne idée. Viens-t'en.

Claude et Charlotte, couchés ensemble.

CLAUDE. On est en train de gaspiller nos meilleures années à rien faire. J'ai trente ans, je suis intelligent, je suis diplômé, mais à cause d'un manque de timing, je perds mon temps à attendre un chèque de BS. Tu sais, c'est un gaspillage épouvantable. À cause des baby-boomers, ce qui pourrait relancer le Québec est en train de moisir sur les tablettes.

CHARLOTTE. Faut pas généraliser, c'est pas tous les jeunes qui sont sur le BS...

CLAUDE. Même ceux qui travaillent, y font des jobines insignifiantes par rapport à leur potentiel... Dis-moi quand même pas que t'es contente de ta job?

CHARLOTTE. Ah ben... Euh, je sais pas, là. Je suis pas contente, contente, là, mais c'est pas si pire.

CLAUDE. Je te le dis, y a pas de place pour nous autres. Mais moi ce qui m'inquiète le plus, c'est qu'on dirait que c'était presque prévu. Tu trouves pas ça bizarre?

CHARLOTTE. Quoi?

CLAUDE. Notre génération, on a vécu l'espèce de relâchement qu'y a eu au niveau du système d'éducation. On a appris le français tout croche, les profs nous ont pas transmis de rigueur ou de méthode de travail... C'est comme si ça avait été prévu que notre avenir allait être bouché. Comme si les profs avaient vu ça venir, le chômage pis les emplois minables, pis qu'y s'étaient dit que ça valait pas la peine de nous donner des coups de pieds dans le cul... Que ça aurait été un gaspillage d'énergie, parce qu'anyway y aurait jamais rien à faire avec nous autres! Pis le pire, c'est que dans cinq ans, quand ça va débloquer, y va juste être trop tard.

CHARLOTTE. Y est jamais trop tard! On sera pas si vieux que ça!

CLAUDE. Franchement, penses-y trente secondes, quand l'employeur va avoir le choix entre le jeune de vingt-cinq ans qui sort de l'université pis qui connaît toutes les osties de nouvelles technologies, et pis moi, le jeune qui sera pus trop jeune pis qui, à trente-cinq ans, aura pas vraiment d'expérience en rien parce qu'y va avoir faite un peu de toute, mais tout le temps tout croche; qui c'est, tu penses, qu'y va choisir? Le gars de trente-cinq ans, vraiment? Le gars qui a dix ans d'expérience dans le pognage de cul? Non, je te le dis, là, c'est déprimant en crisse! Comme époque, on pouvait pas plus mal tomber!

CHARLOTTE. On sait pas.

CLAUDE. On sait pas? Comment ça, on sait pas?

CHARLOTTE. T'aurais pus naître pendant la Deuxième Guerre mondiale pis être obligé d'aller à la guerre.

CLAUDE. Tu peux être certaine que je me serais arrangé pour pas y aller...

CHARLOTTE. Je pense pas qu'avec ton attitude de victime, tu vas pouvoir aller ben loin!

CLAUDE. Quoi!? Mon attitude de victime!?

CHARLOTTE. Je pense qu'on est chanceux de vivre maintenant parce que je suis certaine que la vie, ça devient de moins en moins pire.

CLAUDE. Come on!

CHARLOTTE. On progresse lentement, peut-être, mais je suis sûre que ça avance...

CLAUDE. C'est pas parce qu'on a l'impression d'avancer qu'on s'en va dans' bonne direction.

CHARLOTTE. Je pense pas que c'est de la faute des baby boomers si on est dans la marde aujourd'hui.

CLAUDE. Ah non? Ben, c'est de la faute à qui d'abord?

CHARLOTTE. C'est la faute à personne. Je veux dire, on vit sa vie comme on peut. Je pense pas que personne arrive à faire ou à être exactement ce qu'y veut. Y a plein de hasards qui nous poussent d'une chose à l'autre, sans qu'on s'en rende compte. Je pense que tout le monde fait son possible pour vivre une vie pas trop pire. Mais, pour ce qui est d'avoir le contrôle, je pense que ça se peut pas...

CLAUDE. À quoi ça te sert de vivre si t'as pas le contrôle?

CHARLOTTE. T'as le contrôle sur ta vie, toi? Si t'as pas de job en ce moment, c'est parce que c'est ça que t'as choisi?

CLAUDE. Non, justement! C'est pour ça que je dis que je vis dans une société qui me bloque!

CHARLOTTE. Tu penses pas que les baby boomers vivent aussi dans une société qui les bloque?

CLAUDE. Crisse, y a pas moyen de discuter avec toi!

Le matin. Charlotte parle à Mathieu.

CHARLOTTE. Quand je m'assois avec un produit que je dois annoncer, faut que je trouve le moyen de le voir avec des yeux neufs.

MATHIEU. Qu'est-ce tu veux dire ?

CHARLOTTE. Habituellement, je joue avec, avec mes mains, pis je le regarde sous tous ses angles. Je cherche à comprendre.

MATHIEU. Comprendre quoi ?

CHARLOTTE. Pourquoi le format est comme ça ? Pourquoi c'est en carton ? Pourquoi ces couleurs-là ? Quand je l'ai tripoté un bon moment, je peux fermer les yeux. Là je suis capable de le voir, derrière mes paupières.

MATHIEU. O.K.

CHARLOTTE. Y flotte dans un background noir. J'arrive à le faire tourner sur lui-même. Je lui fais faire des sons. Pis peu à peu, j'imagine un décor autour. Je lui invente un nouvel univers. Un univers qui lui appartient, pis qui m'appartient à moi aussi. C'est comme si j'arrivais à créer une complicité avec l'objet. Quand je réussis ça, j'ai toujours des idées extraordinaires.

MATHIEU. Ça doit !

Claude et Mathieu.

CLAUDE. A me fait chier.

MATHIEU. Tu peux pas la crisser dehors!

CLAUDE. Qu'a l'aille chercher ailleurs.

MATHIEU. Tu l'aimes pus?

CLAUDE. Je te l'ai dit, a me fait chier. A comprend rien. A veut rien comprendre.

MATHIEU. A t'intéresse pus?

CLAUDE. A se pense tellement hot, là... Je suis sûr qu'a l'a l'impression d'être intelligente, mais dans le fond, a réalise pas qu'a'l a été récupérée par le système de pensée capitaliste américain. A trouve tout le temps que toute est correct! Que tout est donc beau dans le meilleur des mondes!

MATHIEU. Dans le fond, tu veux rien savoir d'elle, c'est ça?

CLAUDE. Ah! Ça pouvait marcher quand je la connaissais pas ben, ben. Je veux dire, au premier abord c'est une fille qu'y a l'air correcte, mais plus je sais comment ça marche dans sa tête, plus je suis déçu!

MATHIEU. Qu'est-ce tu vas faire?

CLAUDE. Qu'est-ce tu veux je fasse? Y a rien à faire! Ça marche pas, ça marche pas, qu'est-ce tu veux?

MATHIEU. Ouin. Mais où est-ce qu'a va aller rester?

CLAUDE. C'est pas mes problèmes! On est pas mariés, là, on a juste baisé ensemble!

MATHIEU. Ouin. T'sais, a peut pas retourner vivre chez son chum.

CLAUDE. Cou' donc, c'est quoi ton problème, là? Je l'aime pas, c'te fille-là, je peux-tu? On est dans un pays libre, crisse!

MATHIEU. Voyons, Claude. Je te demande pas de l'aimer, là. Je voulais juste savoir...

CLAUDE. Ben tu le sais, là! *(Un temps.)* Ça fait vraiment chier. Comment ça se fait que j'arrive pas à la trouver, la fille qui fitte avec moi? T'sais, c'est décourageant. Je sais pas y a combien de filles sur la planète qui sont faites pour moi. Y en a peut-être une sur cinquante, sur deux cents, sur mille, sur dix mille, sur un million; y en a peut-être juste une sur toute la planète. Qu'est-ce que je vas faire si a vit à Hong-Kong pis que je le sais pas? Où est-ce qu'a se cache, la fille qui pense comme moi. Qu'y a les mêmes idées, les mêmes goûts, les mêmes envies, le même rythme de vie...?

MATHIEU. Moi, je voudrais pas tomber en amour avec quelqu'un qui est pareil comme moi.

CLAUDE. Toi, c'est pas pareil...

Un temps.

MATHIEU. Ça fait que tu la mets dehors?

CLAUDE. Pourquoi tu voudrais qu'a reste ici?

MATHIEU. Je sais pas trop ce qu'a va faire.

CLAUDE. C'est très gentil de ta part de t'inquiéter pour elle!

MATHIEU. A pourrait peut-être rester, en attendant que...

CLAUDE. Hey ! T'es... T'es pas en amour avec, toujours ?

MATHIEU. Franchement !

CLAUDE. Ah ben, tabarnak ! T'es en amour avec !

MATHIEU. T'es-tu fou, crisse ?

CLAUDE. Ah ben, mon ostie, c'est rendu que tu cruises mes blondes ?

MATHIEU. Hey ! J'ai rien faite, O.K. !

CLAUDE. Avoue-le donc qu'a te fait de l'effet !

MATHIEU. Aaaaaaah !

CLAUDE. Envoye, dis-moi-le, ça me dérangera pas. Je serai pas choqué, a me fait pus rien, c'te fille-là !

MATHIEU. ...

CLAUDE. Tu peux tripper dessus autant que tu veux ! Je la trouve épaisse, je te le dis, ça me dérangera pas, là !

MATHIEU. Hey ! Dis pas ça ! 'Est pas épaisse, tu sauras !

CLAUDE. Ah ben ! T'es en amour, mon p'tit crisse !

Claude à Charlotte.

CHARLOTTE. À quoi tu penses?

CLAUDE. À rien. À cet après-midi...

CHARLOTTE. Qu'est-ce qui est arrivé cet après-midi?

CLAUDE. Rien. Je marchais, j'avais faim. Tout ce que j'avais sur moi, c'était une piastre. Je vas m'acheter un hot dog à cinquante sous, que je me dis. Je continue à marcher pis je fais rebondir la piastre dans ma main. À Chaque coup qu'a donne, je compte. Je sais pas pourquoi. Un, deux, trois, quatre, cinq... Pis tout d'un coup, je sais pas plus pourquoi, je me mets à penser à mon prêt. Sacrament. Je dois vingt mille piastres au gouvernement, crisse. Trois cents piastres par mois jusqu'en 2010 avec les intérêts... Ça se peut pas, j'aurai jamais fini de rembourser. Ça risque d'être la fin du monde avant...

CHARLOTTE, *gentiment, pour le taquiner.* Maudit que t'es déprimant quand tu veux.

CLAUDE, *très sérieux.* Je pense que je vas déclarer une faillite personnelle.

CHARLOTTE. T'es pas sérieux?

CLAUDE. Pourquoi pas? J'suis pas capable de payer.

CHARLOTTE, *scandalisée.* C'est à cause du monde irresponsable comme toi qu'on a la dette qu'on a!

Mathieu et Claude.

MATHIEU. Y faut que tu continues à sortir avec.

CLAUDE. Je lui ai dit des choses ben trop méchantes. Ça se peut pas.

MATHIEU. Donne-lui des fleurs, a va toute oublier.

CLAUDE. Ça coûte ben trop cher !

MATHIEU. Je vas les payer.

CLAUDE. Hey, je peux pas faire semblant de l'aimer, là. C'est pas correct.

MATHIEU. Dans le fond, c'est pas grave. T'es mieux de faire semblant de l'aimer que de l'haïr pour de vrai, non ?

CLAUDE. Tu me niaises-tu, là ?

MATHIEU. Aide-moi, Claude.

CLAUDE. Tu te rends-tu compte de ce que tu veux me faire vivre ? Je vas être obligé de la frencher, te rends-tu compte ? De lui pogner les seins, une fois de temps en temps, de...

MATHIEU. T'as juste à penser à d'autres choses.

CLAUDE. Ah ! C'est dégueulasse ! Je peux pas concevoir que je vas remettre ma langue dans sa bouche ! Ça me...

MATHIEU. Tu diras que t'as la grippe !

CLAUDE. Si j'ai envie de sortir avec une autre fille, qu'est-ce que je fais ?

MATHIEU. Donne-moi trois mois.

CLAUDE. Trois mois? Tabarnak!

MATHIEU. Je veux l'avoir proche de moi pendant trois mois.

CLAUDE. Hey, j'ai jamais toffé ça avec une fille! Même Annie, qui était quand même pas mal mieux qu'elle, je l'ai flushée après deux mois! Comment tu veux que je fasse?

MATHIEU. Si a reste ici, on va se connaître plus. A va s'habituer à moi. Ça va lui faire moins peur.

CLAUDE. Trois mois, tabarnak! Pour que ça dure trois mois, je vas être obligé d'être fin avec elle, j'aurai pas le choix! Tu veux me faire vivre l'enfer, ç'a pas d'allure.

MATHIEU. J'ai besoin de toi.

CLAUDE. Tu peux pas t'arranger pour faire un move plus vite?

MATHIEU. J'ai besoin de temps...

CLAUDE. C'est de la marde, Mathieu. Hey, tu vas la cruiser pendant le jour, pis le soir a va venir se coucher dans mon lit... Ç'a pas d'ostie de bon sens, ça! Tu te rends pas compte que c'est complètement tordu, ce que tu me demandes de faire?

Long temps.

MATHIEU. O.K. Je paye ton loyer pour les trois prochains mois si tu le fais.

CLAUDE. Niaise pas, là, man.

MATHIEU. Les six prochains mois si tu veux!

CLAUDE. Crisse, Mathieu!

MATHIEU. S'il te plaît!

CLAUDE. Mathieu !

MATHIEU. Pour une fois que j'ai besoin de toi !

CLAUDE. Ah ! Merde... *(Il hésite longuement.)*... O.K... O.K., je te laisse deux mois !

MATHIEU, *comblé de joie.* T'es écœurant, man !

CLAUDE. Pis tu me payes les six prochains loyers ?

MATHIEU. C'est beau ! C'est ben beau !

12

Claude accueille Charlotte.

CHARLOTTE. Salut.

CLAUDE. Rentre. *(Elle entre.)* S'cuse-moi encore pour... ce que j'ai dit. Je le pensais pas vraiment.

CHARLOTTE. C'est correct.

CLAUDE. Je veux que tu saches que je t'aime bien... T'sais, je file un peu mal, en ce moment. À cause de ce que tu sais... C'est pas facile de... De se faire dire non aussi souvent. Qu'est-ce que tu veux, ça affecte mon moral. Pis... Ben c'est ça. Ça me fait dire des choses que je pense pas...

CHARLOTTE. J'aimerais ça qu'on prenne ça cool. Qu'on prenne notre temps.

CLAUDE. Ah, c'est parfait. Je suis... Je suis comme en période de reconstruction. Je parle de ma confiance, là...

CHARLOTTE. C'est drôle, moi aussi...

CLAUDE. ... par rapport à moi-même.

CHARLOTTE. ... je suis en période de reconstruction, moi aussi !

CLAUDE. Ah oui ? Toi aussi ?

CHARLOTTE. J'essaye de refaire confiance aux autres.

CLAUDE. Ouin.

CHARLOTTE. Une rupture, ça casse nécessairement quelque chose...

CLAUDE. J'imagine.

CHARLOTTE. ... quelque chose à l'intérieur qui...

CLAUDE. On peut prendre notre temps, t'sais...

CHARLOTTE. ... c'est pus pareil, faut que...

CLAUDE. ... on va prendre notre temps.

CHARLOTTE. ... faut laisser aller les choses.

CLAUDE. C'est ben beau.

CHARLOTTE. Même si on va rester ensemble, j'aimerais ça qu'on puisse faire comme si on était pas ensemble. Comprends-tu?

CLAUDE. Oui, oui. Tu veux dire : ensemble mais... pas... pas juste ça... c'est ça?

CHARLOTTE. Pas juste ça, oui.

CLAUDE. C'est ça : pas... comment je dirais ça, donc... euh... pas ensemble... ben, ensemble, je veux dire, mais pas « ensemble ensemble »!

CHARLOTTE. Oui, oui, oui... Je voudrais pas qu'on agisse comme si on était tout de suite un couple, parce que c'est ça qui complique les choses; si on essaye d'être quelque chose qui est supposé ressembler à un couple, on sait pus comment se parler, pis, les mots se mélangent parce qu'on a l'impression qu'on peut pas se dire n'importe quoi, pis ça devient compliqué. Je sors d'une rupture. Je voudrais me réhabituer à être moi-même, moi-même sans quelqu'un d'autre, je sais pas si c'est clair, c'est comme si, euh...

CLAUDE. Oui, je comprends.

CHARLOTTE. Je trouve ça lourd, l'amour, de ce temps-ci.

CLAUDE. Écoute, ça tombe bien. Parce que j'ai le goût de vivre avec toi, mais en même temps, j'aurais comme besoin d'être tout seul.

CHARLOTTE. Ah! C'est parfait! C'est parfait, ça! On va être *deux*, mais, on va rester *deux*, on va être vraiment *deux*... je veux dire *pas un*; on va être deux individus ensemble, mais pas un couple pogné dans *un*. Comprends-tu?

CLAUDE. Oui, ça va être mieux comme ça. J'ai tellement pas le goût de m'embarquer dans une affaire compliquée.

Soupirs de soulagement.

CHARLOTTE. Je suis contente de te revoir.

CLAUDE. Moi aussi. *(Un moment. Regards intenses.)* Tu sais, c'est Mathieu qui m'a fait réaliser à quel point t'es une fille extraordinaire.

CHARLOTTE. Vraiment? Tu me trouves extraordinaire?

CLAUDE. C'est vraiment un bon gars, mon frère. Je suis certain que si une fille prenait le temps d'essayer de le connaître, ben a pourrait sûrement tomber en amour avec.

CHARLOTTE. Tu sais-tu quoi?

CLAUDE. Quoi? Qu'est-ce qu'y a?

CHARLOTTE. J'aurais le goût qu'on fasse l'amour.

CLAUDE. Là? Tout de suite?

CHARLOTTE. Pas toi?

CLAUDE, *l'enlaçant et l'embrassant.* Non, non. Non, non, non, non. Ça me tente pas du tout, non.

13

Mathieu et Charlotte.

CHARLOTTE. En publicité, y a une chose qu'y faut jamais oublier : *perception is reality.* C'est pas comment un produit est *fait* qui est important, mais plutôt comment y est *perçu* par les gens. Pis la perception, c'est essentiellement une affaire de sens. T'sais, on a découvert, grâce à des études, que le Québécois moyen utilise ses sens en accordant une importance différente à chacun d'entre eux : première-ment, y se fie dans un pourcentage de quarante pour cent à ce qu'y voit, ensuite de ça de trente pour cent à ce qu'y entend, pis les derniers trente pour cent sont séparés aux trois autres sens : l'odeur, le goût, le toucher.

MATHIEU. C'est fucké...

CHARLOTTE. Oui. Dans le fond, le succès d'un produit ali-mentaire a très peu à voir avec son goût. Si je prends un produit au hasard... euh... la saucisse Hygrade, par exem-ple ; quand je dis les mots « saucisse Hygrade », la plupart des gens voient tout de suite dans leur tête l'emballage des saucisses ou bien y entendent la chanson de la pu-blicité : « Hygrade ! Hygrade ! » Mais y a pratiquement per-sonne qui retrouve dans sa bouche le goût de la saucisse.

MATHIEU. C'est vrai.

CHARLOTTE. Si ça vient, normalement c'est après l'image pis la chanson. Le goût de la saucisse est pas important. *Perception is...*

MATHIEU. ... *reality.*

CHARLOTTE. C'est ça ! En payant 2,99 $ pour son paquet de saucisses Hygrade, le client achète surtout l'image pis la chanson du produit. La saucisse fait partie d'un kit qui comprend l'emballage pis la chanson. À la limite, on pourrait même dire que la saucisse est beaucoup moins importante que le reste ; dans le fond, on pourrait facilement la remplacer par autre chose, je sais pas, une boulette de steak haché, genre. La seule chose qu'on est certain de garder, c'est la chanson pis l'emballage. Le reste, c'est du remplissage...

MATHIEU. O.K...

14

Claude, Mathieu et Charlotte.

CLAUDE. Pis là, en plein milieu du tunnel, le métro s'arrête ! Hey ! On est tassés comme des sardines, ça pue, y fait déjà chaud. Imagine ! Là y a une gang de malades, genre Québécois pure laine qui venait d'aller se paqueter la fraise au baseball, qui s'est mis à crier «LE QUÉBEC AUX QUÉBÉCOIS ! LE QUÉBEC AUX QUÉBÉCOIS !» Pis y se sont mis à faire brasser le wagon en le poussant d'un bord pis de l'autre. Jusque-là, ça pouvait encore être drôle. Je veux dire, c'était cave pas mal, mais ça restait inoffensif...

CHARLOTTE. Je trouve pas ça très inoffensif, moi.

CLAUDE. Le problème, c'est qu'à l'autre bout du wagon, y avait une gang d'anglos qui eux autres avaient l'air de revenir du PEEL PUB. Ça fait qu'eux autres, pas tellement plus fins que nos p'tits Québécois, y se sont mis à chanter le *Ô Canada* en anglais. Tu comprends que nos Québécois ont pris ça comme de la provocation...

CHARLOTTE. Tandis que les Anglais se sont sentis provoqués par les Québécois, ben sûr !

CLAUDE. Ça fait que les deux gangs se dirigent l'une vers l'autre.

CHARLOTTE. Pis nous autres on est au centre, là.

CLAUDE. Y se faufilent entre les gens... Pis là, je sais pas ce qu'y se passe. Je sais pas si c'est à cause de la panne du métro, mais on dirait que tout le monde devient hystérique. Au lieu d'essayer de les empêcher de se frapper dessus, y a du monde qui se mettent à crier : «LET'S GO ! QUÉBEC ! LET'S GO !»

CHARLOTTE. C'était vraiment fou, là.

CLAUDE. Les caves du stade sont boustés à l'os! Les Anglais capotent tellement que la boucane leur sort quasiment par les narines. Finalement, y finissent par arriver à se rejoindre, pis là ça y est, ça commence à se bûcher dessus.

CHARLOTTE. Là, le monde commence à paniquer un peu. Là y se vargent dessus, pis d'aplomb à part de ça! Là, le monde se tasse pour leur laisser de la place pour qu'y puissent se bûcher comme du monde; ça fait qu'on se retrouve aplatis sur la porte du fond.

CLAUDE. Moi, je suis devant Charlotte. J'essaye de la protéger, t'sais. Pis les épais y continuent de se bûcher, pis ça saigne du nez... Ça crie, ça hurle, ça capote! Pis le pire, c'est qu'on sait pas comment ça va finir, parce que le métro avance pas pis que les portes sont bloquées. On est pognés là, pis on a pas le choix. On regarde ça, pis on peut pas rien faire.

CHARLOTTE. Tout d'un coup, y a une femme qui se met à hurler. On comprend pas trop pourquoi, vu qu'est assez loin de la bataille.

CLAUDE. Son mari venait de s'écraser à terre pis y était en train de faire une crise cardiaque, crisse.

CHARLOTTE. Là, c'est la panique autour du gars. Sa femme a pleure, a pleure. C'était épouvantable! Ça me déchirait le cœur de voir ça!

CLAUDE. Finalement, le métro finit par repartir, mais... le temps qu'on se rende à l'autre station, c'était déjà trop tard.

CHARLOTTE. Personne a rien pu faire. Ç'a l'air que le gars est mort presque en même temps que les portes se sont rouvertes.

Un temps.

CLAUDE. C'était weird, là.

CHARLOTTE. Je me suis jamais sentie aussi mal que ça.

MATHIEU. C'est capoté !

CLAUDE. En tout cas, une affaire de même, ça donne le goût en crisse de s'acheter un char.

CHARLOTTE. C'est fou comme ça devient violent...

CLAUDE. Ç'a pas d'allure...

CHARLOTTE. Moi c'est ben simple, j'ai quasiment honte d'être Québécoise. On est tellement un peuple cave des fois.

15

Charlotte et Mathieu. Une soirée.

CHARLOTTE. Tu vois, j'aurais aimé ça écrire des romans. J'ai déjà essayé d'en écrire plusieurs. J'ai commencé souvent, mais je me rends rarement plus loin que la vingtième page. Je bloque. Je finis par bloquer. Je me relis pis je trouve ça nul.

MATHIEU. Quel genre de roman tu veux écrire ?

CHARLOTTE. Je sais pas... Attends... euh... Je me souviens d'avoir beaucoup aimé *Les Nuits blanches* de Dostoïevski. C'est quelque chose que j'aurais aimé avoir écrit. Pourtant, c'est pas supposé être du grand Dostoïevski. Y a fait d'autres œuvres beaucoup plus grandes, plus fortes, supposément... Mais moi, c'est le petit Dostoïevski que j'aime, on dirait... c'est ce livre-là qui m'a le plus transportée. Oui, c'est ça, y m'a transportée ailleurs. Dans une autre époque. Je lisais, pis j'avais l'impression de comprendre comment y se sentait, Dostoïevski, quand y était en train d'inventer l'histoire... Comment je pourrais dire ça ? Tu sais, les étoiles, quand on les regarde, dans le ciel, y en a qui sont déjà éteintes. La lumière prend tellement de temps à se rendre à nous que l'étoile a eu le temps de mourir. Ben, quand je lisais le roman de Dostoïevski, j'avais un peu le même feeling que quand je regarde le ciel, la nuit. Dans le fond, un roman, c'est comme la lumière d'une étoile. C'est la lumière d'une autre époque ; lire un livre, c'est lire la lumière qui se dégage d'une âme qui a vécu à une autre époque. Tu vois, en lisant *Les Nuits blanches*, j'ai eu l'impression que j'aurais pu tomber en amour avec l'homme qui a écrit ça. Je parle pas de Dostoïevski, l'auteur... Je parle de Dostoïevski, l'être humain... l'être humain qu'y a été au moment où y écrivait *Les Nuits blanches*. C'est à ce moment-là précisément qu'on aurait pu être en amour lui pis moi. Après ça, le Dostoïevski qui a écrit *Crimes et Châtiments, Les Possédés...* J'aurais pas pu... On aurait pas pu être en symbiose... se comprendre réellement. C'est fou, parce que je suis persuadée que si j'avais vécu à son époque pis qu'on s'était rencontrés au bon moment, notre amour aurait pu durer un an ou deux, c'est tout... pas plus... Ah, je sais pas pourquoi je te raconte tout ça. Tu dois trouver que je divague.

MATHIEU. Tu devrais les finir, les romans que tu commences.

CHARLOTTE. C'est pas possible. On dirait que la personne qui écrit pis celle qui travaille pour une agence de publicité, c'est pas la même. C'est comme si j'avais dans moi deux facettes complètement opposées. Oui, c'est ça : y a la fille que j'ai toujours voulu être, pis celle que je suis dans la réalité de tous les jours... Pis on dirait que plus le temps passe, moins j'arrive à être la fille que je veux être. L'autre prend de plus en plus de place. A m'empêche d'être bien, de prendre le temps d'écrire, de prendre le temps de prendre mon temps... Toi aussi, ça doit t'arriver, non ?

MATHIEU. Quoi ?

CHARLOTTE. Ben, d'imaginer le gars que t'aurais été si t'avais pas eu ton... ton handicap.

MATHIEU. Ce gars-là existe pas.

CHARLOTTE. Écoute. Moi je te regarde, pis je peux pas faire autrement, je le vois. Je t'imagine...

MATHIEU. C'est parce que tu me vois de l'extérieur. C'est parce que t'arrives pas à t'imaginer comment je suis. Est-ce que t'es capable de t'imaginer handicapée comme moi ?

CHARLOTTE. Tu veux dire...

MATHIEU. Oui.

CHARLOTTE. Mon Dieu, non...

MATHIEU. Ça va avoir l'air bizarre ce que je vas te dire, mais si un jour le bon Dieu venait me voir pis qu'y m'offrait de devenir «normal», ben je refuserais.

CHARLOTTE. Pourquoi ?

MATHIEU. Parce que je suis né comme ça. Mon handicap, ça fait partie de ce que je suis. Si j'étais pus handicapé, je serais pus moi. Ça m'a pris vingt ans à l'apprivoiser, à le surmonter, à apprendre à m'aimer dans ce corps-là. J'aime ça, ce que je suis devenu. C'est con à dire, mais aujourd'hui, je suis fier d'être comme je suis.

CHARLOTTE. Ça t'arrive pas de regretter ?

MATHIEU. Ce qui me fait chier, c'est les autres. Tout le monde me regarde comme si je venais d'une autre planète, juste parce que ma différence est plus voyante. Mais je suis comme tout le monde. Comme tout le monde, je suis différent de toutes les personnes qui vivent sur notre planète. C'est pour ça qu'on est pareils. Je vis la même chose que toi. Je suis né, je vis, pis je vas mourir un jour. Je mange, mal, mais je mange, je vas aux toilettes, je travaille, je ris, je pleure...

CHARLOTTE. C'est beau ce que tu dis. Ta façon de voir les choses, c'est...

MATHIEU. Dans ma tête à moi, je suis pas handicapé. C'est pour la société que je suis handicapé. Tout le monde a son handicap. Toi, y a quelque chose qui t'empêche d'écrire tes romans, moi y a quelque chose qui m'empêche de boire dans un verre, de couper mon steak sans qu'y parte, de cruiser les belles filles comme toi...

CHARLOTTE. Je vois pas pourquoi. T'es un beau gars. Je suis sûre qu'un jour tu vas rencontrer la bonne fille...

MATHIEU. Toi tu serais capable d'aimer un gars comme moi?

CHARLOTTE. Euh... Oui, sûrement...

MATHIEU. Vraiment?

CHARLOTTE. Tu vois, si Claude était handicapé, je pense pas que je l'aimerais moins...

MATHIEU. Tu m'as déjà dit que tu l'aimais pas vraiment.

CHARLOTTE. C'était un exemple. C'était juste un exemple. Je veux dire, si j'étais en amour par-dessus la tête avec Claude, ben, si y tombait handicapé du jour au lendemain, ben je pourrais continuer d'être amoureuse de lui, je pense ben.

MATHIEU. Pourquoi t'es avec si tu l'aimes pas vraiment?

CHARLOTTE. Écoute, c'est une relation de transition, genre... J'ai besoin de... de... Tu penses que je devrais le laisser?

MATHIEU. Euh...

CHARLOTTE. Tu penses que je devrais partir, c'est ça?

MATHIEU. Non, non. Non, je veux pas que tu partes. Dans le fond, c'est sûrement correct. Si lui aussi le sait que tu l'aimes pas vraiment, ça doit être correct. Si tous les deux vous êtes ensemble pis que vous savez que ça peut pas marcher, c'est correct. Au moins vous êtes pas en train de vous mentir.

CHARLOTTE. Ça me fait du bien d'être ici. Y me fait du bien, pour l'instant. Toi aussi.

MATHIEU. Pis de toute façon, ça t'empêche pas de tomber en amour avec quelqu'un d'autre, non?

CHARLOTTE. Ben oui, c'est vrai...

Richard et Charlotte.

RICHARD. Où est-ce qu'y est ?

CHARLOTTE. Qu'est-ce tu fais, lâche-moi !

RICHARD. Où est-ce qu'y se cache ?

CHARLOTTE. Va-t'en ! Je te l'ai dit, Richard, je reste avec une amie... Tu trouveras pas de gars ici !

RICHARD. Me semble !

CHARLOTTE. Crisse, Richard ! T'es pas chez toi, ici !

RICHARD. Pourquoi tu reviens pas avec moi si t'as personne d'autre ?

CHARLOTTE. Ça marche pus, Richard !

RICHARD. Ça pourrait marcher, si tu te forçais un peu !

CHARLOTTE. J'ai pas à me forcer ! Viens-t'en, j'ai pas le goût de discuter...

RICHARD. Ouin ? Pis si moi j'ai pus le goût qu'on soit pus ensemble, qu'est-ce qu'on fait, hein ? Tu y as-tu pensé à ça ?

CHARLOTTE. Viens-t'en ! On va aller ailleurs, O.K.

RICHARD. Je le savais, crisse ! Y est ici, c'est ça ?

CHARLOTTE. Richard !

RICHARD. Attends que je le trouve ! Je vas lui casser la yeule !

CHARLOTTE. Y a personne, je te dis !

Mathieu sort de sa chambre.

MATHIEU. Hey ! C'est quoi ton problème ?

RICHARD. C'est quoi cette affaire-là ?

MATHIEU. Tu vas...

CHARLOTTE. C'est rien, c'est rien...

MATHIEU. ... la laisser tranquille O.K. !

RICHARD. C'est quoi ça, Charlotte ?

CHARLOTTE. Tu comprendrais pas...

RICHARD. Tu sors pas avec ce... ce... c'te gugusse-là !

MATHIEU. C'est quoi ton problème ?

RICHARD. Tabarnak, c'est pas vrai ?

Long silence.

CHARLOTTE. ... Oui, Richard. C'est lui. C'est mon nouveau chum.

RICHARD. Hey, hey, hey ! Tu peux pas me laisser pour cette affaire-là, là ! Tu peux pas me faire ça ! Crisse, réveille !

CHARLOTTE. Y est pas mal plus intelligent que toi, tu sauras.

RICHARD. Hey, un ordinateur c'est plus intelligent que moi, tu vas-tu aller fourrer avec ? Niaise-moi pas, là !

MATHIEU. J'aimerais ça que tu sacres ton camp d'ici !

RICHARD. Tu peux-tu parler en français, je comprends rien !

Charlotte gifle Richard.

CHARLOTTE. C'était une traduction. C'est ça qu'y voulait te dire, je pense. J'ai pas raison, Mathieu ?

MATHIEU. Oui !

RICHARD. Ma p'tite crisse, je te laisse une dernière chance...

CHARLOTTE. Tu perds ton temps...

RICHARD. ... je comprends que j'ai pas été correct avec toi ces derniers temps, pis c'est une bonne leçon que tu viens de me donner, je veux dire c'est une bonne joke, là, 'est pas drôle, là, mais j'ai compris... T'as ben faite, c'est tout ce que je méritais.

CHARLOTTE. C'est pas une joke.

RICHARD. Je te connais trop. Ça se peut pas, tu bluffes. Tu trippais ben trop sur mon corps pour... pour te contenter de ça.

CHARLOTTE. C'était avant. Là, j'ai découvert autre chose.

RICHARD. J'espère ben que t'as découvert autre chose, parce que côté cul, ça doit pas être trop fort !

CHARLOTTE. Y baise pas mal mieux que toi, tu sauras !

RICHARD, *éclatant de rire*. Tu me niaises, tabarnak ! Non, mais tu l'as-tu ben regardé ? Je suis sûr que n'importe quelle poupée gonflable a plus le tour que lui !

MATHIEU. Hey, mon crisse de chien sale !

CHARLOTTE. Laisse faire, Matt. Laisse-le faire. Y est con.

RICHARD. Retiens-le pas. On pourrait se battre un peu. Ça serait drôle.

Bousculade. Richard pousse Mathieu par terre. Un temps.

CHARLOTTE. Sors d'ici.

RICHARD. Écoute, je te crois pas. Je le sais que tu bluffes. C'est pas ton genre ça. T'es pas une mère Thérésa, t'es pas faite en bois, je sais ça.

CHARLOTTE. Tu vois pas qu'on a rien à voir ensemble, toi pis moi. Tu me connais pas pantoute. C'est évident que ça se peut pus.

RICHARD. Je partirai pas d'ici tant que tu m'auras pas convaincu.

CHARLOTTE. Qu'est-ce tu veux dire ?

RICHARD. Embrasse-le.

CHARLOTTE. T'es con.

RICHARD. Je suis sérieux. Embrasse-le, devant moi, pis... je sors de ta vie. Je t'achale pus jamais.

CHARLOTTE. C'est vraiment des enfantillages, Richard. Même si j'étais pas en amour avec Mathieu, je retournerais pas avec toi.

RICHARD. Je te demande pas grand-chose. Juste une preuve de ton amour pour lui. Un p'tit bec de rien du tout. Comme ça, dans ma tête, je vas avoir l'image que ça prend pour que je puisse arrêter de t'aimer. Je vas te voir embrasser ce pauvre p'tit con-là, pis je vas me dire que t'es une pauvre p'tite conne toi aussi, pis la connexion va se faire dans ma tête : je t'aimerai pus. Comme ça j'aurai pus le goût de t'achaler... Pis j'ai le goût de voir ça, ta nouvelle façon de vivre l'amour. Ça doit être beau de vous voir ensemble. Tu sais, peut-être que ça va changer ma vie pis que je vas découvrir la vraie nature de l'amour avec un grand A, moi aussi...

Un temps.

CHARLOTTE. Tu me promets qu'après je te revois pus ?

RICHARD. Mon Dieu ! Est-ce que t'es en train d'accepter ?

CHARLOTTE. Tu me promets ?

RICHARD. Tu dois vraiment m'haïr la face pour te rendre jusque-là, hein ?

CHARLOTTE. Est-ce que tu promets ?

RICHARD. O.K. Promis.

CHARLOTTE. O.K.

Charlotte embrasse brièvement Mathieu et se retourne fièrement vers Richard.

RICHARD. Plus long !

CHARLOTTE. Quoi ?

RICHARD. Embrasse-le plus longtemps. Je veux un beau *french kiss* de trente secondes.

CHARLOTTE. Franchement, exagère pas ! Même avec toi ça durait pas ça !

RICHARD. O.K., d'abord ! Un p'tit quinze secondes de rien du tout ! Y a rien là, non ?

CHARLOTTE. Câlice, Richard !

RICHARD. Envoye. Quinze secondes. C'est rien ça, dans une vie, non ? Dis-toi que c'est un tout petit mauvais moment à passer pour pouvoir te débarrasser de moi ! *(Charlotte défie Richard du regard.)* Go !

Charlotte embrasse Mathieu. Richard les regarde un court instant puis il se met à guetter sa montre. Pendant le baiser, on entend le dialogue qui suit, sur bandes.

CHARLOTTE. Comment ça se fait qu'y est de même ?

CLAUDE. Y a manqué d'oxygène au cerveau pendant une quinzaine de secondes.

CHARLOTTE. Comment ça ?

CLAUDE. Le médecin était saoul...

CHARLOTTE. Y était supposé être normal ?

CLAUDE. Y était comme toi pis moi. Avant l'accouchement. Après, sa vie a complètement changé. Y devait pas être capable de parler, de marcher, de se nourrir tout seul... Dans le fond, maintenant, y est plus normal que moi...

CHARLOTTE. C'est pas grave. J'ai pas le goût d'être avec quelqu'un de « normal ».

Fin du dialogue sur bandes.

RICHARD. O.K... O.K. ! *(Charlotte et Mathieu cessent de s'embrasser.)* Bon ben, c'est beau ! Mission accomplie !

CHARLOTTE. Maintenant tu vas sortir d'ici, mon ostie de sale !

RICHARD. C'est justement ce que je suis en train de faire. *(Il se dirige vers la porte, puis juste avant de sortir, il s'arrête.)* Je voudrais encore vous féliciter. Bravo ! J'aurais aimé ça pouvoir vous dire que vous faites ben ça, mais malheureusement, c'est pas le cas ! Salut !

Long silence.

CHARLOTTE. Je m'excuse...

MATHIEU. C'est correct.

CHARLOTTE. On en parle pas à Claude, O.K. ?

MATHIEU. O.K.

17

Charlotte et Claude.

CHARLOTTE. Ton frère a commencé à me raconter son histoire; c'est vraiment incroyable.

CLAUDE. Faut que t'en prennes pis que t'en laisses, hein? Mathieu a toujours eu le sens de l'exagération.

CHARLOTTE. Ça doit vraiment être extraordinaire d'avoir un frère comme lui.

CLAUDE. Pourquoi tu vas pas le rejoindre si tu le trouves si extraordinaire, hein?

CHARLOTTE. Voyons! Qu'est-ce qui te prend?

CLAUDE. Tu sais pas c'est quoi être pogné avec ce gars-là! Si tu savais combien de fois mes parents m'ont dit: «Regarde ton p'tit frère, regarde son courage magnifique, prends exemple sur lui!» Si tu savais comment c'est pas facile d'impressionner tes parents quand ton frère a juste à faire deux pas, à dire deux mots pour qu'on le considère comme un héros national! «Mon Dieu! Y a parlé! C'est un miracle! Y respire! C'est une bénédiction du Ciel!» Toi tu reviens de l'école, tout fier de ton quatre-vingt-cinq pour cent à ton examen de mathématiques... Qu'est-ce tu veux qu'y disent, hein? C'est quoi tu penses qu'y faut que je fasse, moi, pour être considéré comme un héros? Faut que je réussisse ma maîtrise? Non, c'est pas assez! On est à quatre pattes devant lui parce qu'y réussit à se tenir debout, moi, qu'est-ce qu'y faut que je fasse? Faut que j'arrive à battre Bruny Surin au cent mètres pour qu'on me trouve extraordinaire? «Wow! Mathieu a fait une phrase complète!» Moi, c'est quoi? Faudrait que j'écrive un roman pis que je gagne le Goncourt? «Hein!

Ça se peut pas qu'y soit capable de conduire sa voiture!»
Pis moi, pour que tu penses que je suis quelqu'un d'extraordinaire, moi aussi, qu'est-ce qu'y faut que je conduise? Une formule un? Un hélicoptère? Un avion? Une fusée? Qu'est-ce qu'y faut que je fasse, hein?

CHARLOTTE. Voyons, Claude...

CLAUDE. Tu veux que je te le dise? J'ai compris ce qu'y fallait que je fasse... Ça me sert à rien de me battre contre lui; y va toujours être meilleur. Plus sensationnel. Ça fait que je prends mon trou. Je m'écrase. Je fais chier le monde. Je fais chier mes parents. Comme ça je prends ma place. Pis tu peux être sûre que là, on la sent ma présence... Tu vas trouver ça con, mais c'est depuis que je me pogne le cul à deux mains que j'ai commencé à exister. J'en fais chier du monde, O.K., mais je passe pas inaperçu. C'est fini, ce temps-là! Moi je suis l'antithèse totale du pauvre petit Mathieu l'enfant martyr! J'ai toute pour réussir, supposément, mais je scrappe toute sur mon passage! Pis je fais ben ça en crisse! Oui, c'est ça ma réussite! Je réussis à scrapper ma vie! Pis je suis certain que mes parents pensent à moi, astheure. Pis peut-être même plus souvent qu'à Mathieu. Je suis certain qu'à chaque jour, y prennent le temps de me voir apparaître dans leur p'tite tête, pis qu'y se mettent à être inquiet. «Comment ça se fait qu'y est devenu de même? Comment ça se fait qu'on a pas vu ça venir?»

CHARLOTTE. Voyons, pense à ce que ton frère vit. Tu peux pas lui en vouloir d'avoir...

CLAUDE. Y est très bien, mon frère. Tu vois pas qu'y est super bien dans sa peau? Mieux que moi... Dans le fond, tu sors avec moi, mais c'est avec lui que tu devrais être.

CHARLOTTE. Pourquoi tu dis ça?

CLAUDE. Avoue-le. Je le sens. T'aimes mieux la **personne** qu'y est que celle que je suis, non?

CHARLOTTE. Non, j'ai pas...

CLAUDE. Si physiquement y était pas comme y est, je suis sûr que c'est avec lui que tu serais.

CHARLOTTE. Tu dis n'importe quoi. C'est avec toi que je suis. C'est avec toi que je veux être.

CLAUDE. Pourquoi?

CHARLOTTE. Parce que... Parce que je suis bien avec toi.

CLAUDE. T'es bien, là?

18

Claude, Charlotte et Mathieu ont bu. Ça parle fort et ça rit.

CLAUDE. Ça ferait un maudit bon film !

MATHIEU. Écœurant !

CLAUDE. Un comédien paralysé cérébral qui est tellement bon comédien que quand y joue, y est toute droit : y a l'air normal !

CHARLOTTE. C'est ça : sur la scène, y joue les plus grands rôles sans aucun problème ! Mais aussitôt qui s'en va en coulisses, y redevient handicapé !

CLAUDE. Y tourne un film western. Y est super dedans. Bang ! Bang ! Y fait des cascades, y saute sur son cheval ! Y pogne un bandit avec son lasso, toute le kit. Pis là, aussitôt que le réalisateur crie : « COUPEZ ! » *(Il mime les gestes et l'articulation malhabiles de Mathieu.)* Y redevient toute tout croche !

MATHIEU. Oui ! C'est bon !

CHARLOTTE. Y fait du ski alpin dans un film, pis là encore le réalisateur... « COUPEZ ! » Y pogne une de ces débarques !

CLAUDE. Ostie ! C'est bon !

MATHIEU. Hey ! Y pourrait...

CLAUDE. Y pourrait quoi ?

MATHIEU. Supposons que quand y joue...

CLAUDE. Oui, mon Matt, oui.

MATHIEU. Quand y joue y est correct.

CLAUDE. Tu peux-tu parler plus vite, y est tard un peu !

MATHIEU. Va chier !

CHARLOTTE. Come on, Claude !

CLAUDE. Ben non ! Je fais juste niaiser, c'est correct.

MATHIEU. Hey !

CLAUDE. Oui, oui. Qu'est-ce qu'y a ?

MATHIEU. Le comédien, quand...

CLAUDE. Oui, oui. Quand y joue y est correct. C'est ça, t'as compris !

MATHIEU. Oui, mais quand y a un blanc de mémoire, y redevient paralysé...

CHARLOTTE. Ah oui ! C'est bon ça. *(Elle se lève.)* Y joue dans une tragédie de Racine. C'est super intense. Tout d'un coup, blanc de mémoire. *(Elle devient paralysée cérébrale.)* Aaaaaaaaaah !

CLAUDE. Le pauvre gars, à chaque fois qu'y manque de concentration, tout le monde le sait dans' salle ! C'est épouvantable !

MATHIEU. Ostie.

CLAUDE. T'as jamais pensé à faire du théâtre ? Peut-être que c'est ça qui t'arriverait !

MATHIEU. T'es con !

Rires.

CHARLOTTE. Hey, c'est vrai que ça ferait un maudit bon film. C'est quand même tout un drame, quand tu y penses. Un gars qu'y arrive juste à être normal au théâtre. Imagine l'enfer. Tout le monde le voit beau pis magnifique dans ses rôles, mais quand y retourne chez lui, y redevient

64

un monstre pour le reste de la société. C'est une tragédie. Au fond, y est pas plus libre quand y est sur la scène, parce qu'y est prisonnier d'un rôle. Ça le fait mourir, parce qu'y sait très bien que tout ce qu'y vit sur la scène, c'est pas vrai, que c'est juste du théâtre... mais en même temps c'est juste là, sur la scène, qu'y peut s'approcher un peu de ce que pourrait être sa vie si y était normal...

Un temps de malaise.

19

Mathieu et Claude.

MATHIEU. Comment ça va ?

CLAUDE. Ah, ça va.

MATHIEU. T'es pas trop tanné ?

CLAUDE. Non, non. Ça va.

MATHIEU. O.K.

CLAUDE. Pis toi ? Ça avance-tu tes affaires ?

MATHIEU. Pas pire. Pas pire.

CLAUDE. Ben, tant mieux.

MATHIEU. On commence à se connaître plus.

CLAUDE. C'est bon.

MATHIEU. Toi, tu trouves pas ça trop dur ?

CLAUDE. Non, non. Je te l'ai dit : c'est parfait.

MATHIEU. A te tombe moins sur les nerfs, hein ?

CLAUDE. Non, c'est correct. T'as pas à t'inquiéter pour moi. C'est parfait comme ça. C'est moins dur que je pensais...

MATHIEU. C'est même un peu trop facile...

CLAUDE. Qu'est-ce tu veux dire ?

MATHIEU. Vous faites souvent l'amour, je trouve.

CLAUDE. Ben là, j'ai pas ben ben le choix ! C'est elle qui veut !

MATHIEU. Tu peux dire non.

CLAUDE. Franchement, t'es-tu fou ? Tu veux qu'a reste ici, oui ou non ? T'sais, un gars qui refuse de baiser, c'est louche en maudit.

MATHIEU. Tu peux dire que t'es déprimé...

CLAUDE. Hey, oublie ça ! C'est une loi de la nature, mon Mathieu. Quand la fille veut, le sexe du mâle se réveille. C'est instantané. Si jamais je résiste à Charlotte, c'est ben simple, ça va être le début de la fin, pis a va sacrer son camp. Les filles peuvent pas supporter ce genre d'affront-là. A va être sûre que j'ai une maîtresse, pis là, je te le dis, a risque juste de sacrer son camp. Y a pas de chance à prendre avec ça.

MATHIEU. C'est bizarre...

CLAUDE. C'est pas bizarre : c'est de même que ça marche !

MATHIEU. ... on dirait que tu parles d'elle comme si vous sortiez ensemble.

CLAUDE. T'aimes mieux que je lui dise que je l'aime pus ?

MATHIEU. Ben non.

CLAUDE. Bon !

MATHIEU. T'es pas en train de commencer à l'aimer, là...

CLAUDE. Ben voyons !

MATHIEU. Honnêtement !

CLAUDE. Honnêtement, là, O.K., je vas te le dire : je l'aime pas. Je suis pas en amour. O.K., j'avoue que j'haïs pas ça, baiser avec elle, mais ça, ça veut rien dire. Je veux dire, baiser, avec n'importe quelle fille, c'est le fun. C'est agréable. Mais c'est pas ça qui fait que t'es en amour avec quelqu'un, là. Non, non. Fais-moi confiance, un peu.

C'est comme quand tu baises avec une pute, t'es capable d'aimer ça même si t'es pas en amour, non ?

MATHIEU. Charlotte est pas une pute !

CLAUDE. C'est pas ça que je dis, crisse ! Je te dis qu'on baise comme ça. Qu'on se regarde pas nécessairement dans les yeux, que je... Qu'on se concentre chacun sur nos sensations, pis que dans le fond, on est pas ensemble... Qu'on est mécanique au boutte, mais que c'est le fun de même ! Je sais pas comment te faire comprendre... C'est sûr que si t'avais déjà embrassé quelqu'un que t'aimes vraiment, ben tu serais capable de faire la différence entre baiser pis faire l'amour, mais là...

MATHIEU. J'ai embrassé Charlotte, tu sauras.

CLAUDE. Quoi ?

MATHIEU. J'ai embrassé Charlotte...

CLAUDE. Oui, oui, je l'ai entendue cette partie-là.

MATHIEU. ... pis je peux te dire que moi j'embrasserais jamais quelqu'un que j'aime pas.

20

Charlotte et Mathieu.

CHARLOTTE. Écoute, Mathieu. J'ai pensé à ça, pis je pense que je voudrais qu'on devienne des amis.

MATHIEU. On en était pas déjà ?

CHARLOTTE. Oui, oui. Ben sûr. C'est juste que je voulais te le dire. Je voulais qu'on se le dise. Qu'on en prenne conscience. Je trouve ça important ce qu'on vit ensemble.

MATHIEU. Moi aussi.

CHARLOTTE. J'aime ça te connaître. Ça me fait voir la vie d'une autre façon.

MATHIEU. Comment ?

CHARLOTTE. D'une autre façon. Je sais pas comment expliquer ça. Tu sais, quand je voyais du monde comme toi, avant, je pouvais pas imaginer le genre de vie qu'y vivait. Je les croisais, pis après ça, tout de suite après ça, je les oubliais. Je veux dire, ça faisait pas naître d'autres images dans ma tête. Mais maintenant, je sais pas... Chaque fois que je croise quelqu'un, pas nécessairement un handicapé, là, ou bien quand je vois une voiture passer dans la rue, je me mets à penser à ces gens-là. J'imagine la vie qu'y peuvent vivre. Où est-ce qu'y s'en vont ? D'où y viennent ? Est-ce qu'y sont tristes ? Heureux ? T'sais, avant, quand je prenais le métro, ça me rendait un peu agressive. Je voyais pas les visages. Pour moi, tous les gens formaient un troupeau qui me poussait, qui puait, qui m'agressait, c'est ça. Mais maintenant, je vois mieux. Je vois les visages. C'est comme si tout le monde était moins étranger.

MATHIEU. Moi aussi, tu me fais voir la vie d'une autre façon.

CHARLOTTE. Ah oui ? Comment ça ?

MATHIEU. Depuis l'autre jour.

CHARLOTTE. L'autre jour ?

MATHIEU. Quand tu m'as embrassé.

CHARLOTTE. Ah, je m'excuse encore. Je voulais pas te...

MATHIEU. C'est correct.

CHARLOTTE. J'aurais pas dû. J'ai vraiment été conne.

MATHIEU. C'est correct.

CHARLOTTE. Est-ce que c'était la première fois que t'embraissais une fille ?

MATHIEU. Oui.

CHARLOTTE. Ayoye ! C'est un peu plate que ça se soit passé comme ça.

MATHIEU. Oui, un peu. Mais...

CHARLOTTE. Je m'excuse encore.

MATHIEU. ... je suis quand même content que t'aies été la première.

CHARLOTTE. Ah ben...

MATHIEU. Tu vas trouver ça con, mais j'ai aimé ça.

CHARLOTTE. Ben... Y va en avoir d'autres.

MATHIEU. Oui ?

CHARLOTTE. Pas nécessairement avec moi. Avec d'autres filles. D'autres genres de fille.

MATHIEU. Des handicapées ? C'est ça que tu veux dire ?

CHARLOTTE. Non, non. Je veux dire des filles qui savent aimer. T'sais, moi je suis pas ben bonne là-dedans.

MATHIEU. Je pourrais te montrer.

21

Richard et Claude, dans un bar, un peu amochés.

RICHARD. S'cuse-moi. Tu sais-tu si les Expos ont gagné ?

CLAUDE. Y ont perdu.

RICHARD. Combien ?

CLAUDE. Ah je sais pus trop, là... je suis pas vraiment un fan...

Un temps.

RICHARD. Je sais pas c'est quoi le problème qu'on a à Montréal. On choke tout le temps à 'fin, stie !

CLAUDE. Tu pensais quand même pas qu'y allaient se rendre en série mondiale ? Les Expos, vraiment !

RICHARD. J'aurais aimé ça... J'ai jamais été un grand fan de baseball, mais là... Depuis un bout de temps, je regarde ça, pis... J'aime ça, t'sais... T'oublies toute. Y a rien d'autre. Un gars qui pitche, un gars au batte, une balle... Frappe la balle pis court ! C'est toute.

CLAUDE. Moi en tout cas, le baseball, je trouve ça plate.

RICHARD. C'est pas vrai, ça. Ce qu'y est hot avec le base-ball, c'est que c'est humain. Ça ressemble ben gros à notre vie. C'est logique : faut que tu passes d'un but à l'autre. Premier, deuxième, troisième. Comme dans' vie, t'sais, y a trois buts. Avoir une bonne job, trouver une femme, pis faire des enfants. Quand t'as faite le tour de ça, tu peux retourner à la *plate*. Tu scores. T'as faite le tour... C'est pareil, comme... T'sais, je veux dire, en plus, c'est jamais fini, mon gars. Ton équipe tire de l'arrière par trois points en neuvième manche, avec deux retraits, pis tu peux encore avoir de l'espoir... Ça te prend juste un circuit avec les buts remplis, pis ça y est, tu gagnes la game !

CLAUDE. Pas facile, quand même !

RICHARD. Pas facile, pas facile... T'es un petit peu négatif, toi... C'est pas facile, mais ça se peut. Ouin. Au baseball, toute se peut... C'est la game de l'espoir.

CLAUDE. Toute se peut, ouin. Mais les Expos sont éliminés quand même...

RICHARD. Maudits Expos... J'sais pas si t'as déjà regardé une game de baseball, gelé. C'est pas pire comme buzz. Moi je me souviens, c'était... Je regardais le frappeur, avec son batte dains' mains, pratiquer son swing... Attendre la balle... Le gars est là, tout seul, devant le pitcher pis c'est à son tour... C'est lui qui va frapper... C'est son tour à lui... Là, j'ai faite une connexion... Avec ma vie, comme... C'est devenu ben clair : j'ai revu des moments précis de ma vie, où c'est que dans le fond, j'avais le batte dains' mains... J'ai revu les fois dans ma vie où c'était à mon tour de faire quelque chose... Ça s'est emboîté, là, comme... Toutes les moments que... Que c'était à moi de... Que je pouvais faire quelque chose qui allait changer la game...

CLAUDE. C'était du crisse de bon stock !

RICHARD. C'est ça, y a des moments comme ça, quand tu y repenses, que t'es comme au baseball... Le bâton dains' mains, pis que c'est là que tu peux faire un move pour... N'importe quoi. Ça peut être s'acheter un char, aller à un party, envoyer un CV, appeler une fille... appeler une fille... Le baseball, c'est ça. Ça ressemble à ce feeling-là. Tu comprends-tu ce que je veux dire ?

CLAUDE. Le baseball, c'est ben trop slow, man. C'est le sport le plus plate au monde.

RICHARD. Wo, wo, wo, wo, wo... *(Temps.)* Ouin, peut-être... Mais c'est comme la vie. La vie, c'est souvent slow pis plate, non ? *(Un temps.)* Moi, le baseball dans le fond, je... C'est à cause de ma blonde que j'écoute ça... Pis ma blonde, ben *(À la manière de Rodger Brulotte :)* Bonsoir, elle est partie !

CLAUDE. Le hockey va commencer, là. T'écouteras le hockey... Ça défoule ben plus que le baseball.

22

Claude et Mathieu.

CLAUDE. Écoute, Mathieu. On a un problème.

MATHIEU. Quoi ? Qu'est-ce qu'y a ?

CLAUDE. Charlotte commence à vouloir m'aimer pour vrai.

MATHIEU. Qu'est-ce tu veux dire ?

CLAUDE. Je pense qu'a l'a le goût d'être de mieux en mieux avec moi. Je veux dire, on dirait qu'a veut s'accrocher.

MATHIEU. Je pense pas qu'a t'aime. T'es pas son genre de gars.

CLAUDE. Je le sais ben, mais y a des signes qui me laissent croire que...

MATHIEU. On se connaît bien. A me parle beaucoup.

CLAUDE. A t'a-tu dit qu'a m'aimait pas ?

MATHIEU. Non. Mais je le sens.

CLAUDE. Écoute, ça va mal parce que moi je sens le contraire. Je te le dis, je sens qu'a veut se rapprocher, pis ça commence à me faire peur...

MATHIEU. T'as peur de quoi ?

CLAUDE. De me mettre à aimer trop ça être avec elle.

MATHIEU. Tu l'aimes ?

CLAUDE. Pas encore, non. Mais, ça pourrait commencer à ressembler à ça, si jamais ça...

MATHIEU. Tu m'avais juré que...

CLAUDE. Je sais ben. C'est pour ça que je t'en parle... J'ai décidé de te laisser ta chance. Parce qu'on a faite un deal.

MATHIEU. J'ai pas besoin que tu me laisses de chance, franchement !

CLAUDE. Écoute, man. Je le sens qu'a t'aime, je suis pas fou. Mais le problème, c'est que plus a t'aime, plus a l'essaye de m'aimer.

MATHIEU. Qu'est-ce tu veux dire ?

CLAUDE. A l'a peur de toi. A l'a peur de se laisser séduire par toi, c'est évident. A se sent pas assez forte pour vivre avec un gars comme toi. Je le sens, plus a te désire, plus a l'essaye de se pitcher dans mes bras. Faut que tu fasses un move, Math.

MATHIEU. Mais je sais pas comment. Je suis pas prêt...

CLAUDE. Je le sens que tu la troubles de plus en plus. C'est le temps d'essayer, je pense.

MATHIEU. 'Est vraiment en train de tomber en amour avec moi ?

CLAUDE. Oui. Mais faut que tu fasses un move. Pis vite.

MATHIEU. Si je lui fais peur, faut que j'y aille lentement, non ?

CLAUDE. Ça peut pus continuer, Mathieu. Je suis pas faite en bois.

MATHIEU. Mais tu l'aimes pas. C'est pas vraiment de l'amour...

CLAUDE. Je te l'ai dit ! Ça devient rough de faire semblant. Je peux pus jouer la game. Ça devient dangereux. Pour moi, en tout cas.

MATHIEU. T'es sûr que tu sens qu'a m'aime ?

CLAUDE. En tout cas, tu lui fais de quoi, ça c'est sûr.

MATHIEU. Tu dis pas ça juste pour me rassurer ?

CLAUDE. Écoute, je suis ton frère. Tu le sais que je t'haïs souvent...

MATHIEU. Oui !

CLAUDE. ... mais c'est rien que parce que je t'aime au boutte ! En tout cas, je te ferais pas un coup de chien dans ton dos. T'es mon frère, man ! Tu peux me faire confiance : je commencerai pas à te bullshiter juste pour te faire plaisir.

MATHIEU. Merci. T'es correct.

CLAUDE. Tu fais un move ?

MATHIEU. Je vas essayer...

CLAUDE, *pas très convaincu.* Je suis sûr que ça va marcher...

MATHIEU. Tu me promets-tu quelque chose ?

CLAUDE. Quoi ?

MATHIEU. De prendre une brosse avec moi si jamais a dit non ?

CLAUDE. Une tabarnak de brosse, oui.

23

Charlotte lit un passage de son roman à Mathieu.

CHARLOTTE. « C'est comme si les êtres humains étaient pas assez bien construits pour cette existence-là. C'est trop riche, c'est trop complexe. On n'arrive pas à tout prendre. Peut-être qu'il nous manque des sens ou bien que ceux qu'on a sont pas assez développés. Ce qu'on arrive à bien prendre, toucher, goûter, c'est tellement dérisoire par rapport à toutes les possibilités qu'offre la vie... Si j'avais pas juste une vie à vivre, je suis certaine que je serais capable de prendre plus de chances. D'essayer des choses folles. Pas nécessairement pour être plus heureuse. Juste par curiosité. Pour pouvoir me dire que c'est vraiment moi qui décide. » *(Un temps.)* Comment tu trouves ça ?

MATHIEU. C'est bon.

CHARLOTTE. Oui ?

MATHIEU. Je suis pas sûr de comprendre ce que tu veux dire, mais...

CHARLOTTE. Comment ça ?

MATHIEU. Ça parle de nous deux, non ?

CHARLOTTE. Euh... Oui, un peu.

MATHIEU. De toi par rapport à moi ?

Un temps. Charlotte se lève, cherche à s'éloigner de Mathieu.

MATHIEU. Charlotte.

CHARLOTTE. Quoi ?

MATHIEU. Je t'aime.

CHARLOTTE. Moi aussi je t'aime. T'es vraiment un bon gars.

MATHIEU. Tu comprends pas. Je t'aime.

CHARLOTTE. Écoute, je sais pas trop quoi te dire, là. Je suis avec ton frère, je peux pas trop...

MATHIEU. Mon frère t'aime pas vraiment.

CHARLOTTE. Je pense pas...

MATHIEU. Y le sait que je t'aime. C'est lui qui m'a conseillé de t'en parler.

CHARLOTTE. Je sais pas trop quoi te dire, là...

MATHIEU. Tu sais pas?

CHARLOTTE. Je sais pas...

MATHIEU. Dis-moi que tu m'aimes pas si tu veux rien savoir.

CHARLOTTE. Tu sais que c'est pas ça. C'est plus compliqué que ça. J'ai peur...

MATHIEU. C'est juste les premiers pas qui sont difficiles. Après, tu vas voir, ça va aller tout seul.

CHARLOTTE. J'ai peur de pas savoir comment... J'ai peur de te lâcher en cours de route. J'ai peur de te faire mal.

MATHIEU. Je suis habitué d'avoir mal.

CHARLOTTE. Écoute, Mathieu, j'ai besoin de temps. Faut que j'arrive à... Je sais pas, à imaginer comment ça peut être, nous deux...

MATHIEU. Embrasse-moi.

CHARLOTTE. Mathieu... S'il te plaît, fais-moi pas ça...

Mathieu baisse la tête. Charlotte s'approche de lui, passe une main dans ses cheveux et lui embrasse le front.

MATHIEU, *se levant.* Regarde. Je suis guéri. Je marche ! T'as fait un miracle ! Tu m'as sauvé !

CHARLOTTE, *le prenant dans ses bras.* Fais pas le con, Mathieu ! Fais pas le con !

.

Mathieu et Claude.

CLAUDE. Pis?

MATHIEU. A l'a dit qu'a y penserait.

CLAUDE. Ouin.

MATHIEU. Penses-tu que j'ai des chances?

CLAUDE. Je sais pas. Je pense pas que c'est une bonne idée de «penser» à l'amour. Normalement, plus tu y penses, moins ç'a l'air d'être vrai.

MATHIEU. Moi j'y pense tout le temps...

CLAUDE. À elle. Pas à «l'Amour».

MATHIEU. Ouin... Tu penses que ça va pas marcher?

CLAUDE. A le sait plus que moi, je pense.

MATHIEU. Je suis pas sûr, Claude.

Un temps.

CLAUDE. J'espère que tu m'en voudras pas trop, Matt... Mais je t'aime tout le temps plus quand tu rates ton coup.

MATHIEU. Je le sais.

Claude prend Mathieu par le cou.

CLAUDE. Va chier, man.

MATHIEU. Va chier.

NOIR.

ACHEVÉ D'IMPRIMER
EN AOÛT 2002
SUR LES PRESSES DE
L'IMPRIMERIE
TRANSNUMÉRIQUE INC.
POUR LE COMPTE DE
LEMÉAC ÉDITEUR

DÉPÔT LÉGAL
1" ÉDITION : MAI 1998
(ED.01/IMP.03)